OUTRO

COLEÇÃO SIGNOS

dirigida
por
Augusto de Campos

Capa, projeto e execução gráfica

Augusto de Campos

Produção

J. Guinsburg, editor
Ricardo W. Neves
Sergio Kon

augusto de campos

PERSPECTIVA

CIP-Brasil. Catalogação-na-Fonte
Sindicato Nacional dos Editores de Livros, RJ

C21o
    Campos, Augusto de, 1931-
    Outro / Augusto de Campos. - 1. ed. - São Paulo : Perspectiva,
2015.
    120 p. ; 23 cm.   (Signos ; 56)

    ISBN 978-85-273-1032-1

    1. Poesia brasileira. I. Título. II. Série.

15-22952   CDD: 869.91
                                    CDU: 821.134.3(81)-1

21/05/2015   27/05/2015

Direitos reservados à
EDITORA PERSPECTIVA S.A.
Av. Brigadeiro Luís Antônio, 3025
Fone/fax: (11) 3885-8388
01401-000 São Paulo SP
Brasil

2015

pinto quadros por letras, por sinais.

CV

green arsenic smeared on an egg-white cloth,
crushed strawberries! come, let us feast our eyes.

verde-arsênico borra a tela ovo-alva,
morangos machucados! que festa para o olhar.

EP

para décio haroldo josélino ronaldo
in memoriam

SUMÁRIO

OUTRONÃO
prefácio

OUTRO
poemas

desumano
palavras
osso
vazia
cansaço dos metais
fratura exposta
destornado
fluz
maiakóvski - brinde
brazilian "football" 1964
tvgrama 3
tvgrama 4 erratum
os que não
ter remoto
tântaro
solpôr
isto
deuses
d?vida
humano
pós

INTRO
intraduções

odi et amo (catulo)
odiamante (catulo)
olhos noite (catulo)
salamandra do sol (gôngora)
poema do ar (longfellow)
cauteriza e coagula (laforgue)
poder ser (valéry)
guillotine (apollinaire)
poesia (marianne moore)
contemporâneos (mallarmé)

EXTRO
outraduções

o polvo (vieira)
pessoares (bernardo pessoa)
pessoanjos (augusto pessoa)
um (euclides)
com metro (raul pompéia)
nude soul (erykah badu)
occhiocanto (omaggio a scelsi 2)
maiagritte

notas

deserrata

CLIP-POEMAS 2

palavras / osso / tvgrama 3 / tvgrama 4 - erratum / deuses / pó / odi et amo / guillotine apollinaire /
change words / colidouescapo

OUTRONÃO

Há quem diga que exagero quando afirmo que produzo pouca poesia.
No entanto, minha última coleção de poemas inéditos — NÃO — é de 2003.
Julgo não me contradizer quando interrompo este silêncio decenal com alguma coisa a mais.
Novos poemas, intraduções e outraduções (remixes visuais).

"I too dislike it", escreveu Marianne Moore sobre poesia. Entendo muito o que ela quis dizer.
Eu também não gosto de poesia, embora só leia poesia e, prosa ou desprosa,
só o que tenha a ver com poesia.
Faço poesia porque não sei fazer outra coisa. Preferi sempre a dos outros, além de outras artes.
e é por isso que a minha produção de poeta-tradutor é tão mais extensa
que a de meus próprios poemas. Publico-os com "a remorsura do ensimesmo",
invejoso da renúncia de Rimbaud e do desprendimento de Emily Dickinson.

"Eu mordo o que posso." E é nesse espírito que volto à circulação com este OUTRO.
Achei curioso e ao mesmo tempo estranho o uso dessa palavra
em discos americanos e custei a me dar conta de que se tratava de um termo musical,
uma palavra-valise que sai do "in" para o "out", revertendo o sentido de INTRO.
E que indica a diferente performance de uma faixa anterior
ou algum outro "bônus" — um "extro". Outro outro. Outradução, extradução?
Seja o que for, gostei da palavra ambígua.
E é com este OUTRO, que pode ser também o último bônus de meu trabalho poético,
que ouso ex-pôr estes novos poemas. Sobrevivente, para o bem ou para o mal,
não posso deixar de completar o que comecei, o quanto me for possível.

Sinto que vários desses poemas — quadros querendo ser clips —
perdem algo de sua intencionalidade na medida em que são ou formas estáticas,
derivadas de animações digitais, ou projetos de clip-poemas pedindo movimento e som.
Alguns podem ser vistos nos portais indicados ao final deste volume.

Há 60 anos, ao compor os poemas em cores do ciclo POETAMENOS,
penosamente datilografados em folhas dobradas,
com interpostos carbonos de várias cores, eu clamava por luminosos ou filmletras.
Mallarmé já previra.
E, a partir do "Lance de Dados" mallarmaico,
Walter Benjamin, em 1926, no texto "Revisor de Livros Juramentado".
No futuro — predizia ele — antes que alguém abrisse um livro,
desabaria sobre seus olhos um turbilhão de letras móveis, coloridas, conflitantes.
Nuvens de letras-gafanhotos. As chances do mundo do livro seriam reduzidas a um mínimo.
E os poetas teriam que se tornar especialistas em grafias e diagramas
para enfrentar o desafio das novas tecnologias.

Não posso me queixar. O mundo digital colocou tudo isso ao alcance dos meus dedos.
"Trailers melhores do que os filmes", "haicais eletrônicos", como proclamou um renovado Timothy Leary,
o mcluhanático profeta da internet no lance de dados de CHAOS AND CYBERCULTURE (1994).

Os erros ou ineficiências são todos "mea culpa".
E a única justificativa que posso dar é a de ter chegado muito tarde a um mundo muito novo.

AUGUSTO DE CAMPOS

OUTRO
poemas

desumano (2004)

des
aprender
de uma vez
todas as línguas
em -al em -ol em -ão
em -ego em -im em -ano
em -ês
poesia
não tem
porquês

esquecer
esquecer
esquecer
e m u d e
cer des
u m a n o

para vol
ver a ser
no nano
uni vers
o
da minh
a mudez

humano

palavras (2000)

edamus

osso (2005)

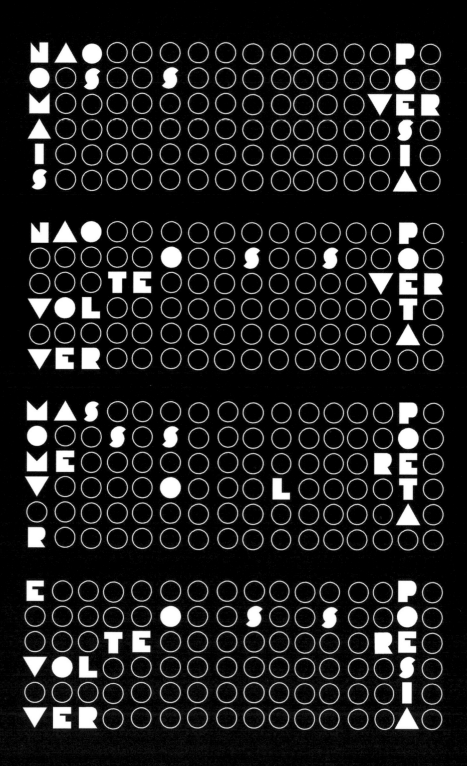

vazia (2008)

ALIJAZ
IAFORM
AVAZIA
ENINGU
EMAVIA

QUERIA
GRITAR
OGRITO
NAOSAI
AENING

EMAOUV
IAENEM
ELASAB
IAOQUE
AFAZIA

cansaço dos metais (2008)

MENOS OU MAIS

PENSANDO
O POEMA
PER
FEITO

O OLHAR
ROLA
CONTRA
FEITO

CANS
AÇO
DOS
METAIS

fratura exposta (2006)

grit

a

frat

ura

ex

post

a

dia

a

po

e

sia

dia

pas

pre

sa

sen

do

te

fut

ura

destornado (2005)

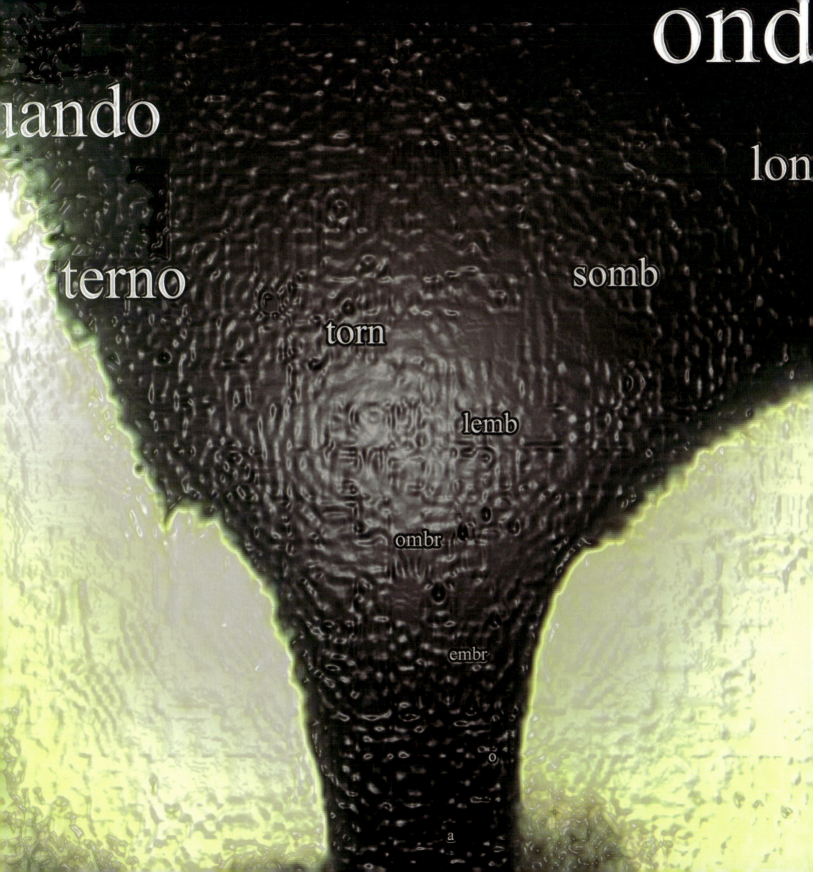

fluz (2006)

СЛУХ
ЗВУК
СВЕТ
ЦВЕТ

ЦВЕТ

OUVE
OSOM
LUZE
FLOR

FLUZ

OUVE
OSOM
LUZE
FLOR

FLUZ

СЛУХ
ЗВУК
СВЕТ
ЦВЕТ

ЦВЕТ

maiakóvski - brinde (2005)

MAIAKOVSKI
BRINDE

LILIA SE MANDOU COM OSSIP BRIK
TATIANA SE CASOU EM PARIS
COM O VISCONDE DU PLESSIX
ELLY E MINHA FILHA
BRUMAS EM BROOKLYN BRIDGE
VERONIKA NÃO QUIS
DEIXAR O MARIDO INFELIZ
A CANOA DO AMOR FOI A PIQUE
STALIN É O NOVO CACIQUE
MEU CURRICULUM VITAE
DINAMITE
ЖИЗНЬ
JIZN
VIDA
ESTAMOS QUITES
QUEM QUISER QUE FIQUE
ADEUS BOLCHEVIQUES
!

brazilian "football" 1964 (2014)

BRAZILIAN "FOOTBALL"

1958 — GOAL ! GOAL ! GOAL !

1962 — GOAL ! GOAL ! GOAL !

1964 — GAOL ! GAOL ! GAOL !

tvgrama 3 (2007)

entre um zap e outro zap
shit fuck trash crap
todo o dia ele espera
hip rock hop rap
que o mundo acabe
tudo já era
não há quem escape

oi galera

tvgrama 4 erratum (2009)

AH   MALLARMÉ

TVTVTVTVTVTVTVTVTVTVTV

A   POESIA   RESISTE

TVTVTVTVTVTVTVTVTVTVTV

SE   A   TV   NÃO   TE   VÊ

TVTVTVTVTVTVTVTVTVTVTV

O   CIBERCÉU   TE   ASSISTE

TVTVTVTVTVTVTVTVTVTVTV

EM   QUICK   TIME   E   FLUI

TVTVTVTVTVTVTVTVTVTVTV

JA   PAIRAS   SOBRE   OS   SUB

TVTVTVTVTVTVTVTVTVTVTV

TUDO   EXISTE

TVTVTVTVTVTVTVTVTVTVTV

PRA ACABAR   EM   YOUTUBE

os que não (2010)

os que não falam nada e não dizem nada
os que não dizem nada e falam muito
os que não dizem nada e dizem muito
os que não falam muito
os que não dizem nada
os que falam muito
os que não falam
os que não dizem
os que dizem muito
os que não falam nada
os que não dizem muito
os que não falam nada e dizem muito
os que falam muito e não dizem nada
os que não dizem nada e não falam nada

ter remoto (2011)

B O R B O L E T A

Q U E
T E R
R E M O T O

A C A S O

F A Z O

L E V E

T
R E M E R

D E T U A
F R
A G I L

A S A

?

tântaro (2011)

solpôr (2013)

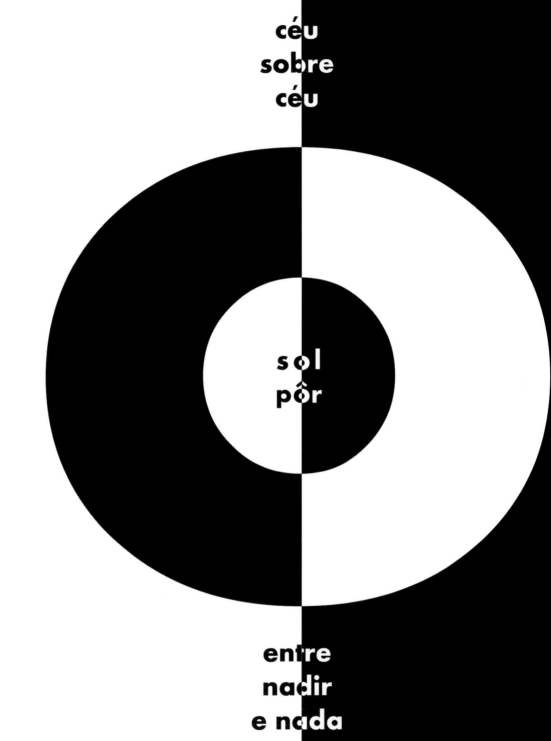

isto (2013)

&

um
p
iu
de
pe
dr
a
psi

que
es
quis
o
a
qui
est
e

quis
to
es
qu
is
it
o é

po
es
ia
ou
sou
eu
que
ex

isto

?

deuses (2012)

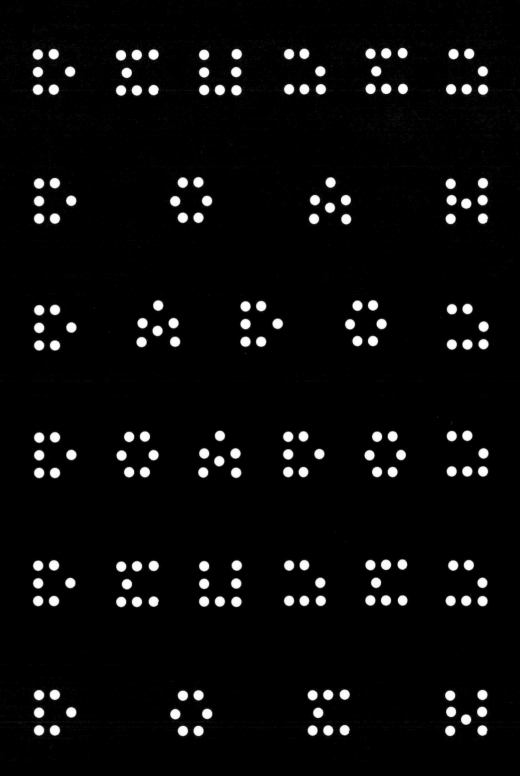

d?vida (2014)

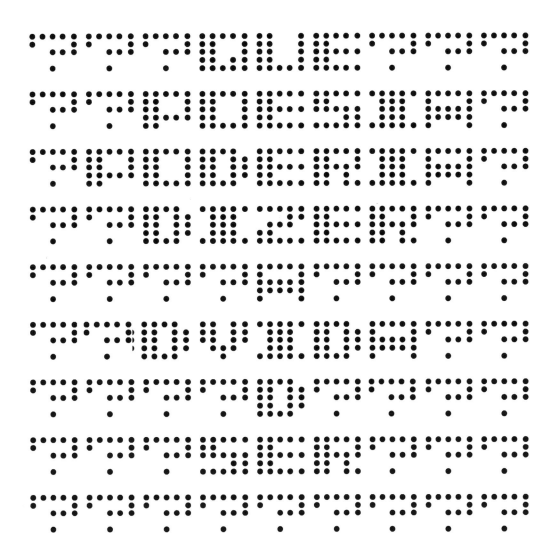

humano (2014)

pós (2012)

INTRO

intraduções

odi et amo (catulo) 2006

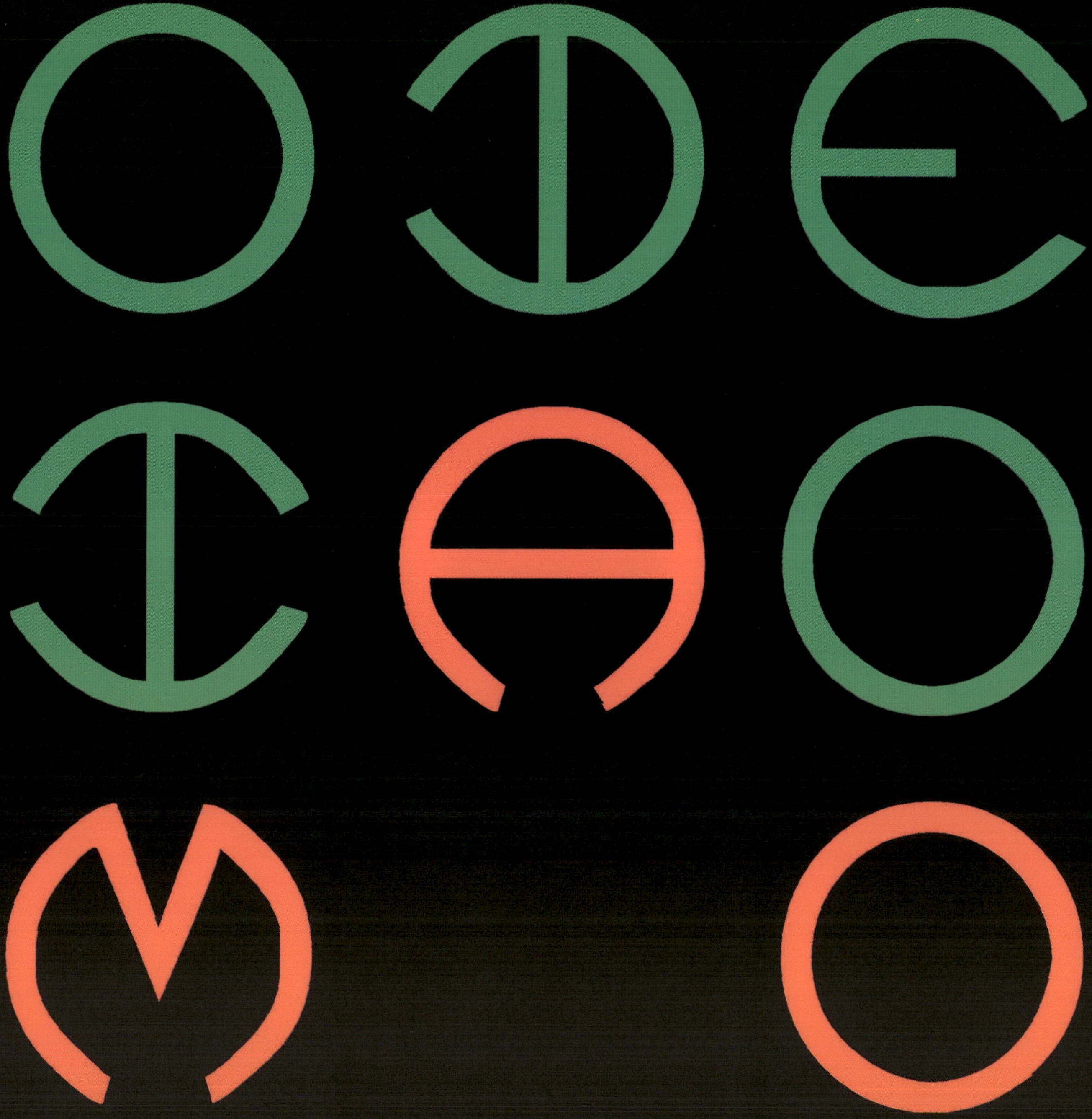

odiamante (catulo) 2006

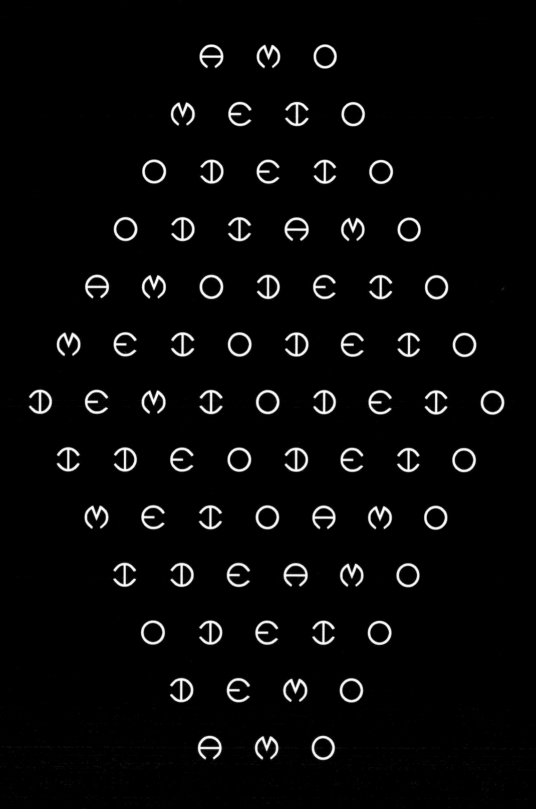

olhos noite (catulo) 2006

parece-me igual a um deus

parece-me mais que um deus

o que sentado à tua frente

vê e ouve

quem sorrindo me tira — mísero —

todo o senso, pois sempre que

te vejo, Lésbia, em mim morre a

voz na boca

e língua um torpor tênue em meu

corpo chama um som sem fim re-

tine nos ouvidos retina nos

olhos noite

salamandra do sol (gôngora) (2011)

SALAMANDRA DO SOL, VESTIDO ESTRELAS,
LATINDO O CÃO DO CÉU ESTAVA QUANDO,
PÓ OS CABELOS, HÚMIDAS CENTELHAS,
SE NÃO ARDENTE ALJÔFAR RESSUDANDO—
CHEGOU ÁCIS; E DE AMBAS LUZES BELAS
DOCE OCIDENTE VENDO AO SONO BRANDO
DEU SUA BOCA E SEUS OLHOS, MAIS QUE TUD
AO SONORO CRISTAL, AO CRISTAL MUDO.

poema do ar (longfellow) (2003)

este é o poema do ar
em sílabas silentes soletrado
este é o segredo do sofrer
em nuvens longamente sofreado
que um sopro vai sussurrar
ao bosque e ao prado

cauteriza e coagula (laforgue) (2004)

cauteriza
e coagula
e virgula
as lagunas
com
seus
lises
dessas
ofélias
felinas
folionas
orfelinas

de
tua
gula
nutrizes
cicatrizes
as tarântulas
ovula
dessas
ofélias
felinas
orfelinas
em folia

surdo aos
deslizes
açula
para a nula
lua
lunática
as crises
dessas
felinas
ofélias
das folias
orfelinas

poder ser (valéry) (2010)

NÃO
SER
POE
TAP
ODE
RSE
RPO
ETA

guillotine apollinaire (2005)

poesia (marianne moore) (2012)

P O E S I A
E U T A M B
E M A A B O
M I N O L E
N D O A T O
D A V I A C
O M T O T A
L D E S P R
E Z O A G E
N T E D E S
C O B R E A
F I N A L U
M L U G A R
P A R A O G
E N U I N O

contemporâneos (mallarmé) (2009)

OSC
ONT
EMP
ORÂ
NEO
SNÃ
OSA
BEM
LER

EXTRO

outraduções

o polvo (vieira) (2011)

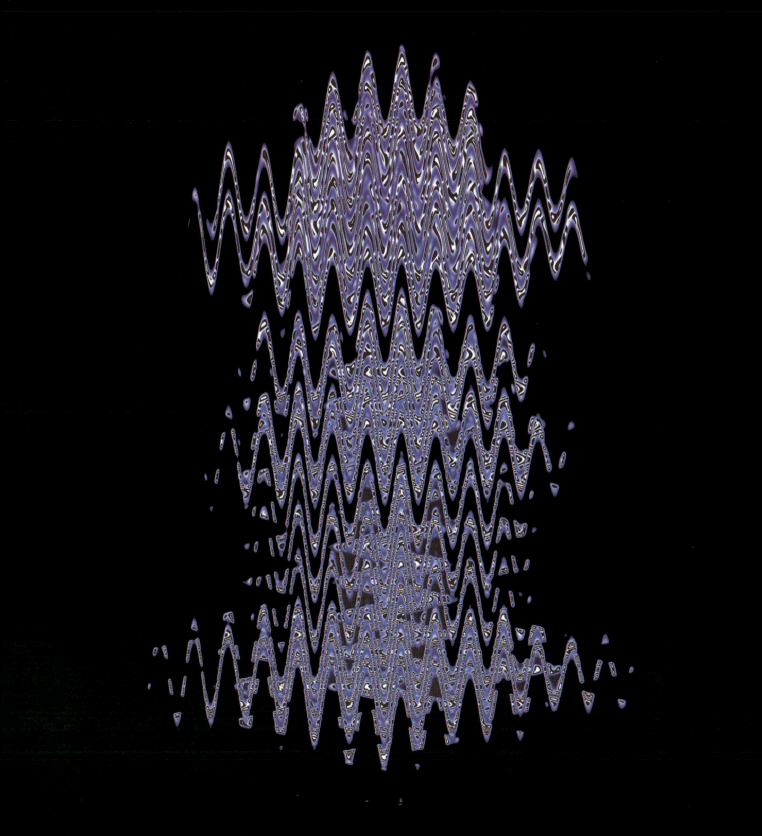

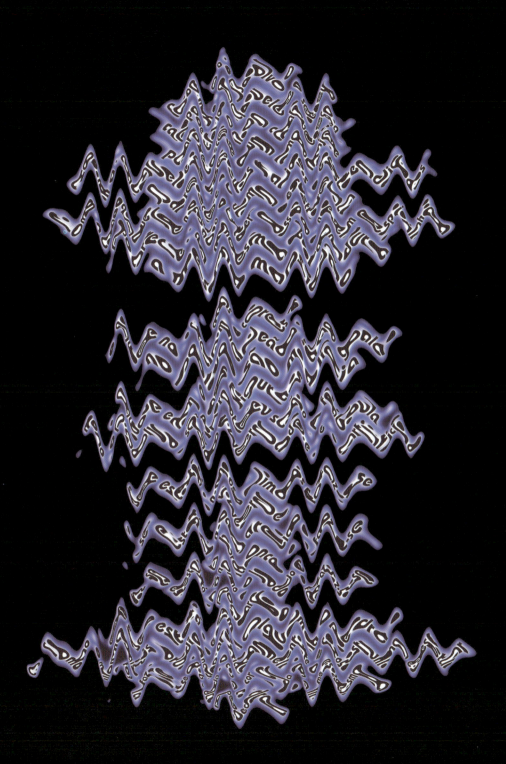

o pauo
com aquele seu
capelo na cabeça
parece um monje
com aqueles seus raios estendidos
parece uma estrela
com aquele não ter osso nem espinha
parece o mesmo brandura
e a mesma mansidão

as cores
que no camaleão são gala
no polvo são malícia
as figuras
no auge em Proteu são fábula
no polvo são verdade e artifício
se está nos limos faz-se
verde
se está no argia faz-se
branco
se está na lama faz-se
pardo
e se está em alguma pedra
mais ordinariamente costuma estar
faz-se da cor da mesma
pedra

o polvo
com aquele seu
capelo na cabeça
parece um monge
com aqueles seus raios estendidos
parece uma estrela
com aquele não ter osso nem espinha
parece a mesma brandura
a mesma mansidão

as cores
que no camaleão são gala
no polvo são malícia
as figuras
que em Proteu são fábula
no polvo são verdade e artifício

se está nos limos faz-se
verde
se está na areia faz-se
branco
se está no lodo faz-se
pardo
e se está em alguma pedra
como mais ordinariamente costuma estar
faz-se da cor da mesma
pedra

pessoares (bernardo pessoa) (2011)

p e   s
s o   a
r e   s

fernando pessoa

bernardo soares

a é r
e a a
h o r
a e r
a u m
a a r
a o n
d e o
r a r

pessoanjos (2010-2011)

PASSOS EM LISBOA

um (euclides) (1997)

um

Um, suspenso pelas axilas entre duas praças, meio desmaiado, diagonalmente, sobre o peito nu, a desenhar–se num recalque forte, a lâmina do sabre que o abatera.

suspenso

pelas axilas entre duas praças

meio

desmaiado

tinha

diagonalmente

sobre o peito nu

a desenhar–se num recalque forte

a lâmina do sabre que o abatera

com metro (raul pompéia) (2012)

e
os
dias
passa
mquev
ouco
nta
nd
o

l
en
tol
ento
tortu
rado
pela
im
p

l
ac
ave
lcor
devid
roqu
eme
pe
r

segue

nude soul (erykah badu) (2010)

they
play
it
safe

quick
it's
o

in
note
what
they

donot
under
stand

occhiocanto (omaggio a scelsi 2) (2010)

maiagritte (2014)

7 BILHÕES

não escreveram

este

poema

n o t a s

O U T R O — poemas

BRAZILIAN "FOOTBALL" teve a sua primeira piblicação em Londres no Times Literary Supplement, nº 3.262, de 3 de setembo de 1964. GAOL é uma variante inglesa da palavra JAIL (prisão).

O U T R A D U Ç Õ E S

O POLVO — Do Sermão da Sexagésima, de **Antonio Vieira**.

UM — Dos Sertões, de **Euclides da Cunha**.

PESSOARES — Do Livro de Desassossego, de **Bernardo Soares**: "Aérea a hora era uma ara onde orar."

CANÇÃO COM METRO — Das Canções sem Metro, de **Raul Pompéia**.

NUDE SOUL — No dia 13 de março de 2010, em Dallas, a cantora **Erykah Badu** saiu de seu carro, em plena luz do dia, caminhou compassadamente pela calçada e foi tirando a roupa até ficar nua no local em que o Presidente Kennedy foi assassinado. Jogou-se ao chão. Em suas costas lia-se a palavra: EVOLVING. O happening — dir-se-ia um "strip-un-tease" — gerou protestos e multa. E um vídeo com a trilha da canção "Window Seat". O momento da queda foi sincronizado com um tiro. A seguir, uma breve fala da cantora que incluía a frase: THEY PLAY IT SAFE. QUICK TO ASSASSINATE WHAT THEY DO NOT UNDERSTAND. "Guerrila style vídeo" — ela declarou depois — "no crew, 1 take, no closed set, no warning, 2 min., Downtown Dallas, then run like hell."

deserrata (2013)

ONDE SE

LÊ

LEIASE

LEIA SE

VÊ

CLIP-POEMAS 2

O leitor poderá acessar as versões animadas de alguns dos poemas deste livro
na revista eletrônica Errática:

tvgrama 3
http://www.erratica.com.br/opus/95/index.html

tvgrama 4 erratum
http://www.erratica.com.br/opus/98/index.html

deuses / pó
http://www.erratica.com.br/?id_obra=119

No mesmo site se encontram clip-poemas de obras anteriores:

change words
http://www.erratica.com.br/opus/56/index.html

colidouescapo
http://www.erratica.com.br/opus/104/colidouescapo/

Outras animações, ainda, no seguinte endereço virtual:

palavras / osso / odi et amo (catulo) / guillotine apollinaire
https://www.youtube.com/watch?v=OwVOhMhn4xA

O autor agradece especialmente a André Vallias (edição final de várias animações do autor),
Binho Miranda (animação de "colidouescapo") e Tony de Marco ("pixar" e "concreta", fontes gráficas
utilizadas nos poemas "tvgrama 4 erratum", "os que não" e "poder ser")

OBRAS DO AUTOR

POESIA

O REI MENOS O REINO. São Paulo, edição do autor, 1951.
POETAMENOS (1953). 1ª edição na revista–livro"Noigandres" nº 2, 1955,
São Paulo, edição dos autores (2ª edição, São Paulo, Invenção, 1973).
ANTOLOGIA NOIGANDRES (com Décio Pignatari, Haroldo de Campos, Ronaldo Azeredo
e José Lino Grünewald).
São Paulo, edição dos autores, 1962.
LINGUAVIAGEM (cubepoem). Limited edition of 100 copies, designed by
Philip Steadman, Brighton, England, 1967, e na versão original, edição do autor, São Paulo, 1970.
EQUIVOCÁBULOS. São Paulo, Invenção, 1970.
COLIDOUESCAPO. São Paulo, Edições Invenção, 1971; 2ª edição, São Paulo, Amauta, 2006.
POEMÓBILES (1968–74). Poemas–objetos, em colaboração com Julio Plaza,
São Paulo, edição dos autores, 1974; 2ª edição, São Paulo, Brasiliense, 1985; 3ª edição,
Selo Demônio Negro/Annablume, 2010.
CAIXA PRETA. Poemas e objetos–poemas em colaboração com Julio Plaza,
São Paulo, edição dos autores, 1975.
VIVA VAIA (Poesia 1949–79). São Paulo, Duas Cidades, 1979;
2ª edição, São Paulo, Brasiliense, 1986.
3ª edição revista e ampliada, Ateliê, 2001; 5ª edição, 2014.
EXPOEMAS (1980–85). Serigrafias de Omar Guedes, São Paulo, Entretempo, 1985.
NÃO. Poema–xerox, edição do autor, 1990.
POEMAS. Antologia bilingue, a cargo de Gonzalo M. Aguilar, Buenos Aires,
Instituto de Literatura Hispanoamericana, 1994. 2ª edição ampliada,
Buenos Aires, Gog y Magog, 2012.
DESPOESIA (1979-1993), São Paulo, Perspectiva, 1994.
POESIA É RISCO (CD-livro). Antologia poético–musical, de O Rei Menos o Reino a Despoemas,
em colaboração com Cid Campos, Rio de Janeiro, Polygram, 1995; 2ª edição ampliada,
São Paulo, Selo Sesc, 2011.
ANTHOLOGIE - DESPOESIA. Préface et traduction par Jacques Donguy,
Romainville, France, Al Dante, 2002.
NÃO. Com o CD Clip-Poemas (animações digitais), São Paulo, Perspectiva, 2003; 2ª edição, 2008.
POÈTEMOINS. Anthologie; préface et traductions par Jacques Donguy.
Dijon, France, Les Presses du Réel, 2011.
PROFILOGRAMAS. São Paulo, Perspectiva, 2011.
POETAMENOS. Edição bilíngue, Buenos Aires, Gog y Magog, 2014.

ENSAIOS DIVERSOS

RE/VISÃO DE SOUSÂNDRADE (com Haroldo de Campos). São Paulo, Invenção, 1964;
2ª edição ampliada, São Paulo, Nova Fronteira, 1982;
3ª edição ampliada, São Paulo, Perspectiva, 2002.
TEORIA DA POESIA CONCRETA (com Décio Pignatari e Haroldo de Campos). São Paulo,
Invenção, 1965; 2ª edição ampliada, São Paulo, Duas Cidades, 1975;
3ª edição, São Paulo, Brasiliense, 1987; 4ª edição, São Paulo, Ateliê, 2006).
SOUSÂNDRADE - POESIA (com Haroldo de Campos). Rio de Janeiro, Agir, 1966;
3ª edição revista, 1995.
BALANÇO DA BOSSA (com Brasil Rocha Brito, Julio Medaglia, Gilberto Mendes).
São Paulo, Perspectiva, 1968.
(2ª edição ampliada: BALANÇO DA BOSSA E OUTRAS BOSSAS, 1974).
GUIMARÃES ROSA EM TRÊS DIMENSÕES (com Haroldo de Campos e Pedro Xisto). São Paulo,
Comissão Estadual de Literatura, Secretaria da Cultura, 1970.
RE/VISÃO DE KILKERRY. São Paulo, Fundo Estadual de Cultura
Secretaria da Cultura, 1971; 2ª edição revista e ampliada, São Paulo, Brasiliense, 1985.
REVISTAS REVISTAS: OS ANTROPÓFAGOS.
Introdução à reedição fac–similar da "Revista da Antropofagia",
São Paulo, Abril/Metal Leve, 1975.
REDUCHAMP. Com iconogramas de Julio Plaza, São Paulo, S.T.R.I.P., 1976,
2ª edição, Selo Demônio Negro/Annablume, 2010.
POESIA ANTIPOESIA ANTROPOFAGIA. São Paulo, Cortez e Moraes, 1978.
PAGU: VIDA-OBRA. São Paulo, Brasiliense, 1982;
nova edição revista e ampliada, São Paulo, Companhia das Letras, 2014.
À MARGEM DA MARGEM. São Paulo, Companhia das Letras, 1989.
O ENIGMA ERNANI ROSAS. Florianópolis, Editora UEPG
(Universidade Estadual de Ponta Grossa), 1996.
OS SERTÕES DOS CAMPOS (com Haroldo de Campos). Rio de Janeiro, Sette Letras, 1997.
MÚSICA DE INVENÇÃO. São Paulo, Perspectiva, 1998.
POÉTICA DE "OS SERTÕES". São Paulo, Casa Guilherme de Almeida, Annablume, 2010.

TRADUÇÕES E ESTUDOS CRÍTICOS

DEZ POEMAS DE E.E. CUMMINGS. Rio de Janeiro, Serviço de Documentação–MEC, 1960.

CANTARES DE EZRA POUND (com D. Pignatari e H. de Campos). Rio de Janeiro,
Serviço de Documentação–MEC, 1960.

PANAROMA DO FINNEGANS WAKE (com Haroldo de Campos). São Paulo,
Comissão Estadual de Literatura, Secretaria da Cultura, 1962;
2ª edição, ampliada, São Paulo, Perspectiva,1971; 3ª edição ampliada, São Paulo, Perspectiva, 2001.

POEMAS DE MAIAKÓVSKI (com H. de Campos e Boris Schnaiderman).
Rio de Janeiro, Tempo Brasileiro, 1967; 2ª edição ampliada, São Paulo, Perspectiva, 1982.

POESIA RUSSA MODERNA (com Haroldo de Campos e Boris Schnaiderman).
Rio de Janeiro, Civilização Brasileira, 1968;
2ª edição ampliada,São Paulo, Brasiliense, 1985; 3ª edição ampliada, Perspectiva, 2001.

TRADUZIR E TROVAR (com H. de Campos). São Paulo, Papyrus, 1968.

ANTOLOGIA POÉTICA DE EZRA POUND (com Décio Pignatari, Haroldo de Campos,
José Lino Grünewald e Mário Faustino). Lisboa, Ulisseia, 1968.

ABC DA LITERATURA, de Ezra Pound (com José Paulo Paes). São Paulo, Cultrix, 1970.

MALLARMARGEM. Rio de Janeiro, Noa–Noa, 1971.

MALLARMÉ (com D. Pignatari e H. de Campos). São Paulo, Perspectiva, 1978.

JOHN DONNE, O DOM E A DANAÇÃO. Florianópolis, Noa–Noa, 1978.

VERSO REVERSO CONTROVERSO. São Paulo, Perspectiva, 1979.

20 POEM(A)S - E.E. CUMMINGS. Florianópolis, Noa–Noa, 1979.

MAIS PROVENÇAIS: RAIMBAUT E ARNAUT. Florianópolis, Noa–Noa, 1987; 2ª edição ampliada,
São Paulo, Companhia das Letras, 1987.

EZRA POUND - POESIA (com Décio Pignatari, Haroldo de Campos. José Lino Grünewald e Mário Faustino).
Organização, introdução e notas de Augusto de Campos, São Paulo, Hucitec, 1983.

PAUL VALÉRY: A SERPENTE E O PENSAR, São Paulo, Brasiliense, 1984.

JOHN KEATS: ODE A UM ROUXINOL E ODE SOBRE UMA URNA GREGA, Florianópolis, Noa–Noa, 1984.

JOHN CAGE: DE SEGUNDA A UM ANO. Introdução e revisão da tradução
de Rogério Duprat, São Paulo, Hucitec, 1985; 2ª edição, Rio de Janeiro, Cobogó, 2013.

40 POEM(A)S - E.E. CUMMINGS. São Paulo, Brasiliense, 1986.

O ANTICRÍTICO. São Paulo, Companhia das Letras, 1986.

LINGUAVIAGEM. São Paulo, Companhia das Letras, 1987.

PORTA-RETRATOS: GERTRUDE STEIN. Florianópolis, Noa–Noa, 1990.
HOPKINS: CRISTAL TERRÍVEL. Florianópolis, Noa–Noa, 1991.
PRÉ-LUA E PÓS-LUA. São Paulo, Arte Pau Brasil, 1991
RIMBAUD LIVRE. São Paulo, Perspectiva, 1992.
IRMÃOS GERMANOS. Florianópolis, Noa–Noa, 1993.
RILKE: POESIA-COISA. Rio de Janeiro, Imago, 1994.
HOPKINS: A BELEZA DIFÍCIL. São Paulo, Perspectiva, 1997.
MALLARMARGEM 2. Florianópolis, Noa–Noa, 1998.
POEM(A)S - E.E. CUMMINGS. Rio de Janeiro, Francisco Alves, 1999;
edição revista e ampliada, São Paulo, Editora da Unicamp, 2011.
COISAS E ANJOS DE RILKE. São Paulo, Perspectiva. 2001; 2ª edição ampliada, 2013.
INVENÇÃO - De Arnaut e Raimbaut a Dante e Cavalcanti. São Paulo, Arx, Siciliano, 2003.
POESIA DA RECUSA. São Paulo, Perspectiva, 2006.
QUASE-BORGES + 10 TRANSPOEMAS. São Paulo, Memorial da América Latina, 2006.
EMILY DICKINSON - NÃO SOU NINGUÉM. São Paulo, Editora da Unicamp, 2008
AUGUST STRAMM: POEMAS-ESTALACTITES. São Paulo, Perspectiva 2008.
BYRON E KEATS: ENTREVERSOS. São Paulo, Editora da Unicamp, 2009.
POÉTICA DE OS SERTÕES. São Paulo, Casa Guilherme de Almeida, 2010.
QUASE BORGES: 20 TRANSPOEMAS E UMA ENTREVISTA.
São Paulo, Selo Musa Rara, Terracota, 2013.
JAGUADARTE, Lewis Carroll. São Paulo, Nhambiquara, 2014.

SITE: www.uol.com.br/augustodecampos

Este livro foi impresso na cidade de São Bernardo do Campo,
nas oficinas da Intergraf Indústria Gráfica, em junho de 2015,
para a Editora Perspectiva